Yo Quisiera Vivir En Un Parque De Juegos

I Wish I Lived At The Playground

By BONNIE NIMS

Translated by RAMÓN S. ORELLANA

Illustrated by RAMÓN F. ORELLANA

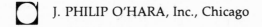 J. PHILIP O'HARA, Inc., Chicago

Library of Congress Cataloging in Publication Data
Nims, Bonnie. Yo quisiera vivir en un parque de juegos.
I wish I lived at the playground. SUMMARY: Poems reflect
the many opportunities for fun offered by parks and play-
grounds. Poems in English and Spanish. [1. Playgrounds
—Poetry] I. Orellana, Ramón F., illus. II. Title. III. Title:
I wish I lived at the playground.
PZ8.3.N6Yo   811'.5'4   79-186886
ISBN 0-87955-200-X
ISBN 0-87955-800-8 (lib. bdg.)

J. Philip O'Hara, Inc., 20 East Huron, Chicago, 60611.
Published simultaneously in Canada by Van Nostrand
Reinhold Ltd., Scarborough, Ontario.

First Printing H

Yo Quisiera Vivir En Un Parque De Juegos
I Wish I Lived At The Playground

Contents

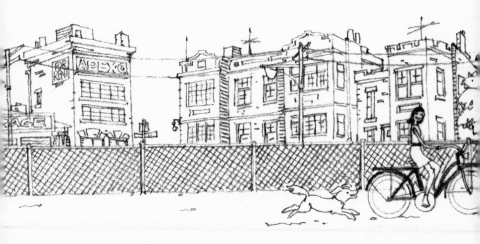

Cómo Llegar Allá

Yo voy
por el túnel del Domingo, profundo y en calma;
por la montaña del Lunes, áspera y empinada;
por el sendero del Martes, pesado y ondulante;
por la selva del Miércoles . . . (la mitad del trayecto);
sobre el puente del Jueves, muy alto y tambaleante;
y por la puerta escondida del Viernes atravieso
para llegar al
SABADO.

Yo quisiera conocer un camino menos largo.

6

How To Get There

I go
through Sunday's tunnel, hushed and deep;
up Monday's mountain, craggy and steep;
along Tuesday's trail, winding and slow;
into Wednesday's woods, still halfway to go;
over Thursday's bridge, shaky and tall;
through the hidden gate in Friday's wall
to get to
SATURDAY.

I wish there were a shorter way.

Observando Una Ardilla

Yo ví una vez
que un rayo
partió en dos
un árbol.
Mas no parecía
que el rayo fuera
más presuroso
que aquella ardilla.
Así que, pienso,
¿por qué nosotros
no aplaudimos tan fuerte
igual que un trueno?

Watching A Squirrel

I once saw
lightning
split a tree.
But it did not
seem to be
quicker
than that
squirrel!
So
why don't we
clap as loud as thunder?

Los Caballitos

En los caballitos
voy vuelta y vuelta,
en redondo, como rueda,
y juego a ser aguja
sobre un disco excesivo,
llenito de canciones
mas sin sonido.

On The Merry-Go-Round

On the merry-go-round
I go round and around
and around and around
and play I'm a needle
on a great big record
full of songs
that have no sound.

El Deseo De Toño

Quisiera tener novecientos dientes
y no veintinueve que tengo tan sólo.
Quisiera tener todos esos dientes,
¡novecientos! ¡Y míos todos!

Que se aflojara una docena al día
y fueran cayendo uno a uno
conmigo allí abajo para cogerlos.
(Sin sentir dolor alguno.)

¿Adivinan dónde los pondría?
En el suelo, debajo de mi cama.
Cuando hay que guardar tantos dientes
no es bastante el espacio de la almohada.

Cada noche, al tiempo de acostarme,
abriría por completo la ventana
para que así la Hada de los Dientes
pudiera entrar fácilmente en mi casa.

Tony's Wish

I wish I had nine hundred teeth
instead of twenty-nine.
I wish I had that many teeth,
nine hundred—and all mine!

Each day a dozen to come loose
and one-by-one to fall,
with me right there to catch them.
(Feeling no pain at all.)

Then guess where I would put them?
Under my bed on the floor.
It takes more room than a pillow's,
when there's that many teeth to store.

Each night before I got in bed,
I'd open the window wide—
that way the famous Tooth Fairy
would be sure to fly inside.

Ella, al tomar en sus manos esos dientes
los cambiaría, de cosas despreciables,
sin uso o valor, en una docena
de monedas contantes y sonantes.

Yo sí quisiera novecientos dientes.
Supongo que habría de verme fiero.
Pero quisiera poseerlos porque
yo podría servirme del dinero.

She'd take those teeth and change them
from useless little things,
to a dozen shiny dimes
that jingle-jangle-jing.

I wish I had nine hundred teeth.
Suppose I did look funny?
I wish I had nine hundred teeth.
I sure could use the money!

"¡VED DE LA LUZ EL AZOTE!"
"¡OID EL RUGIR DEL LEON!"

Es un acto de circo de Natura
al que llaman tormenta de verano.

¡Chasquear!
¡Rugir!
¡Chasquear!
¡Rugir!
¡Chasquear!
¡Rugir!
¡Chasquear!
¡Rugir!

hasta que las gargantas
de todos los leones
ya no puedan seguir.

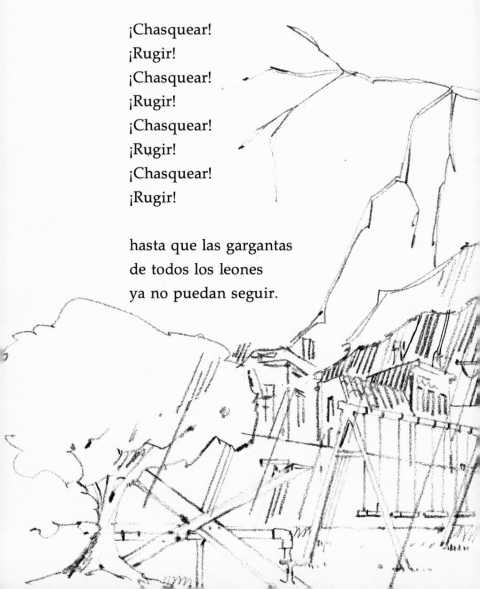

"SEE THE WHIP OF LIGHT!"
"HEAR THE LIONS ROAR!"

This is Nature's circus act—
It's called a summer storm.

CRACK!
ROAR!
CRACK!
ROAR!
CRACK!
ROAR!
CRACK!
ROAR!

till all the lions'
throats are sore.

La Fuente

La fuente,
sencillamente,
no se está quieta.
Se ríe y se ríe
hasta que yo pongo un dedo
cruzando sus labios.
Entonces su ruido
de risa es muy alto
y parece un chillido.

The Fountain

The bubbling fountain just won't
keep still.
It chuckles and chuckles
and chuckles until
I put my finger
across its lips.
Then it giggles
high and shrill.

Globos

Rosa como un durazno,
de nuestro alcance alejado.

Morado como un ciruelo,
en un gigantesco dedo.

Como una cereza, rojo,
moviéndose jubiloso.

Amarillo como pera,
lo más preciado en la feria.

Azul como una uva fresca,
sin jugo pero que vuela.

Balloons

Pink as a peach,
just beyond reach.

Purple as a plum,
on a giant's thumb.

Red as a cherry,
bobbing and merry.

Yellow as a pear,
best at the fair.

Blue as a blueberry,
not juicy, but airy.

Salchicha

No tengo corteza,
pero sí pellejo.

No tengo mamá,
sólo hermanos gemelos.

No tengo piernas,
pero sí expendios.

No sé hacer suertes,
pero alegro paseos.

No tengo boca,
pero mi sabor agrada.

No tengo franjas,
sólo una línea color mostaza.

Hot Dog

I have no bark,
but I have a skin.

I have no mother,
but many a twin.

I have no legs,
but many a stand.

I know no tricks,
but make picnics grand.

I have no mouth,
but I taste just fine.

I have no stripes,
but a mustard-colored line.

El Juego

Hubo una vez un niño
que andaba jugando
al escondite,
y se escondió
en un lugar
donde nunca
lo podría encontrar.
¡Y el juego ganó!
Mas falló Navidad,
Día de Reyes
y su fiesta nacional
por haberse escondido
donde nadie
lo pudo encontrar.

¡Es por eso que
me importa un pito
que yo fuera
la primera
encontrada en mi escondrijo!

Win/Lose

Once upon a time
there was this kid
who was playing
hide-and-seek,
and so he hid
in a place
where nobody would
ever find him.
Oh, he won the game.
But he missed Halloween and Christmas
and the Fourth of July.
Because he was
in that place
where nobody could
ever find him.

And that's why
I don't care
one bit
that I was
the first one
found by
It!

El Bravucón

"Tú tienes que recordar,"
decía el Tío José,
"que un bravucón
te teme tanto a tí
como tú temes a él."
Y seguía el Tío José:
"Y recuerda, también,
que un bravucón se hace
tan infeliz a sí mismo
como te hace a tí."

Si mi mente tuviera un sitio
a donde retornar,
un sitio como las barras
de un parque para jugar,
tal vez entonces, *tal vez*,
lo que decía el Tío José
no sonaría
tan terriblemente al revés!

The Bully

"You've got to remember,"
said Uncle Jim,
"that a bully is
as scared of you,
as you are of him."
Said Uncle Jim:
"And remember, too,
that a bully makes
himself as unhappy
as he makes you."

If my mind had a place
to turn around;
a place like the bars
at the park playground—
Then maybe, *maybe*
what Uncle Jim said
wouldn't sound
so awfully
upside down!

En La Loma De Arena

En la loma de arena
Maruca acaricia,
Susana sala,
Linda sazona
y nieva Elvira.
¡Pero Memo tira!

In The Sandpile

In the sandpile
Polly pats,
Susan salts,
Pam peppers,
Sally snows,
But Bill throws!

28

Cuando Al Columpio Voy

Cuando al columpio voy
a mecerme un ratito,
una campana soy,
y repico.
Así principio—
tin, tilín,
tin, tilín,
tilín, tilín,
tan, tan,
ding, dang,
ding, dong,
DONG!
Dong, dong,
ding, dang,
tan, tan,
tilín, tilín,
tin, tilín,
tin . . .
til . . .

When I Swing In A Swing

When I swing in a swing,
I'm a bell.
I ring.
Beginning—
ching-a-ling
ching-a-ling
ling-a-ling
lang-a-lang
clang-clang
clong-clong
CLONG!
clong-clong
clang-clang
lang-a-lang
ling-a-ling
ching-a-ling
ching-a-
ch-ch-ch-

Altos Y Bajos

Altos

        y bajos

Arriba

        abajo

Sonrisa

        enojo

Alto

        bajo

Sí

        no

Volar

        gatear

Pájaro

        gusano

Cielo

        suelo

Ola

        playa

Una vez más:

Y

        o.

Seesaw

See
       saw
Up
       down
Smile
       frown
High
       low
Yes
       no
Fly
       squirm
Bird
       worm
Sky
       floor
Wave
       shore
Once more:
And
       or.

El Resbalón

Camino a pie,
con trabajo,
arriba, arriba, arriba.
Camino a pie, paso a paso,
hacia la cima.

Luego,
resbalosa,
deslizable,
escurridiza,
me voy abajo de prisa.

En un resbalón
así es la cosa—
la bajada, veloz,
la subida, penosa.

¿Por qué no ha de ser
al revés todo esto—
más poco el trabajo
y más largo el juego?

The Slide

Trudge, trudge, trudge,
Up, up, up.
Trudge, trudge, trudge
To the top.
Then—
Silvery,
Slippery,
Slithery
Down I go.

On a slide
It's always so—
Down is fast,
Up is slow.

Why can't it be
The other way—
Shorter work,
Longer play.

Solo

Ciertas ocasiones gusto de estar solo,
pero mis amigos, ¡qué molestos son!
Actúan cual si yo ordenase un cono,
"¡sin sorbete, vacío, por favor!"

Alone

Sometimes I like to be alone,
but how my friends do tease.
As if I'd ordered an ice cream cone,
"without the ice cream, please!"

Yo Me Pregunto

¿Qué ocurriría si las barras
de las jaulas en el zoo
se fundieran
o de pronto supieran tan sabrosas
que los propios animales
se las comieran?
Entonces, ¿escaparían del zoo
o se quedarían
a jugar con nosotros?
Yo me pregunto.

I Wonder?

What if all the bars of
cages at the zoo
melted or suddenly
tasted so good that
the animals ate them!
Then would they run away
or stay and play with us?
I wonder?

Mi Cometa Es Muy Tímida

Muy tímida es mi cometa,
repegada a la pared,
muy próxima a mi lecho.
Ella preferiría estar allí
en vez de ascender al cielo.
¡Sí que preferiría!

Yo no sé por qué tenía
que hacerme de una cometa
que nunca habrá de crecer.

Más allá de mi sombra, mi cometa no vuela.
Ni vuela más arriba de mi propia cabeza.

Cuando hay viento bastante
para tambalear *montañas*,
y veo mi cometa allí,
meneando su cola
y mirándome a mí.

My Kite Is Very Shy

My kite is very, very shy,
gummed to the wall,
next to my bed.
It would rather be there
than up in the sky.
It would!

I don't know why
I had to go and get a kite
that won't grow up!

My kite won't fly any further than my shadow.
Won't fly any higher than the top of my head.

When there's wind enough
to make a *mountain* sail,
my kite just sits there
looking up at me,
wagging its tail.

Apuesto que en el mundo no hay
otra cometa que sólo
estar conmigo quisiese.
Ella podría juguetear
revoloteando en el aire
tras de los gansos silvestres.

Muchas cosas podría hacer,
pero no sucede así.
Mi cometa, simplemente,
no parece que hará nada—
a menos que de repente
a mí me brotaran alas.

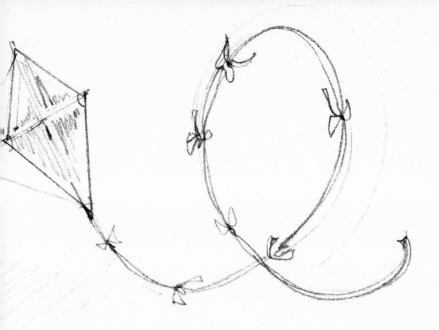

I'll bet there's not another kite
in the whole world
that would rather tag around with me.
It could be playing
loop-the-loop with the wind,
racing the wild geese.

It could do so many things,
but it won't.
My kite just won't—
unless suddenly
I sprout some wings!

Dos Deseos

Luz de estrella, de estrella brillante
La primera que veo esta noche.
En caso de que el deseo
que formule esta noche
pudiera, *simplemente* pudiera
no concedérmelo Dios,
¡aquí está el deseo
Número Dos!

Two Wishes

Star-light, star-bright,
First star I see tonight,
In case the wish
I wish tonight—
just might, *just* might
not quite come true—
here is wish
Number Two!

En Un Frío Día De Otoño

¿Suponiendo que todos los juegos de un parque
se fueran volando en invierno?
Los columpios primero,
los altos y bajos después,
bombeando sus amplias y pesadas alas;
la deslizadera, volteada de lado,
volaría en forma de *ve*.
Después de una carrera
y de un salto,
las barras de largas piernas
se irían navegando,
y luego,
al fin, los caballitos,
girando ruedas de plata
surcarían el cielo.

On a Cold Autumn Day

Supposing all the things on the playground
flew away for the winter?
First the swings,
then the seesaw,
pumping its heavy wings,
the slide, turned over
on its side,
flying in a *vee*.
After a run
and a jump,
the long-legged bars
would go sailing by,
and finally,
the merry-go-round,
spinning wheels of silver
across the sky.

Bonnie Nims, who now lives near Chicago, once lived in a 14th century monastery in Italy and a *casa* in Madrid. She has written for television, newspapers, and magazines, but nevertheless especially enjoys writing for young readers because of the challenge in meeting their demand for honesty. She is married to teacher and poet John Frederick Nims and they have two sons and two daughters.

Ramon S. Orellana has been translating English into Spanish for over twenty years as the assistant editor of *Revista Rotaria*, the Spanish edition of the Rotary magazine. Born in Cuidad Victoria, Mexico, he later moved to the U. S. where he helped launch several weekly papers, wrote a book of poems, and studiously practiced caricature art and the violin. His firstborn, of three sons, illustrated this book.

Ramon F. Orellana, born in Tampico, Mexico, and raised in San Antonio and Chicago, inherited his father's talents in the arts and in music appreciation, but he plays the violin miserably. As a freelance artist, he has worked in every branch of graphic and advertising art. Sr. Orellana's avocations are golf and all that is jazz.

This book is set in Linofilm Palatino.

Bonnie Nims, quien vive ahora cerca de Chicago, residió en otro tiempo en un monasterio del siglo XIV en Italia y en una casa en Madrid. Ha escrito para la televisión, diversos periódicos y revistas, pero especialmente gusta de escribir para lectores jóvenes por el reto que significa complacerlos en su demanda de honradez. Ella está casada con el profesor y poeta John Frederick Nims, y tienen dos hijos y dos hijas.

Ramon S. Orellana ha traducido del inglés al español por más de veinte años como jefe de redacción de *Revista Rotaria*, la edición en español de la revista de Rotary. Nació en Ciudad Victoria, México, y más tarde se trasladó a los EE. UU., donde ha colaborado en la publicación de varios semanarios. Es autor de un libro de poemas y gusta de hacer caricaturas y practicar el violín. El primero de sus tres hijos ilustró este libro.

Ramon F. Orellana, nacido en Tampico, México, y criado en San Antonio, Tejas, y Chicago, heredó el talento de su padre tanto en el arte pictórico como en la apreciación de la música, pero toca el violín lamentablemente. Como artista independiete, ha trabajado en todas las ramas del arte gráfico y publicitario. Los pasatiempos favoritos del Sr. Orellana son el golf y la música de jazz.

Este libro está hecho en Linofilm Palatino.